Für den Angel Held

Witzige Sprüche, Verse & Zitate

Beißt nicht, gibt's nicht!

AV ANDREA VERLAG

Mit Kescher und Köder,
Angel und Haken,
macht er sich auf -
die Fische schon warten.

Dann sitzt er am Ufer
oder im Boot,
dann zappelt's am Haken,
der Fisch ist in Not.

Die Angel liegt fest
in starker Hand,
so zieht er den dicken
Fisch schnell an Land.

Er ist unser Held,
das ist doch wohl klar!

Er ist der größte
Fisch-Fang-Star!

Angeln ist geil!

Petri Heil

Fischer's Witz

Bei eisiger Kälte sitzt der Fischer am See.
Ein Spaziergänger kommt vorbei
und stellt fest: „Sie haben aber
eine dicke Wange. Zahnschmerzen?“
Antwortet der Fischer:
„Nein, aber irgendwie muss ich
die Würmer ja auftauen“

ESSEN • SCHLAFEN • ANGELN

Der freche Kai hat während der Schulstunde gestört und soll zur Strafe einen Vierzeiler schreiben.
Am nächsten Tag liest er laut vor:

„Ein Angler steht am Nordsee-Strand
und hält die Angel in der Hand,
er will fangen einen großen Barsch,
das Wasser geht im bis zum Knie.“

Meint die Lehrerin: „ Aber die letzten beiden Zeilen reimen sich gar nicht.“
Kai antwortet: „Na, dann warten Sie mal, bis die Flut kommt. Dann reimen sie sich.“

ICH GEHE NIEMALS IN DEN RUHESTAND.

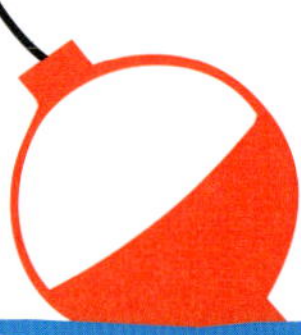

Angeln ist mein Vollzeit-Job!

Jeder braucht etwas, an das er glaubt.

Ich glaube, es ist mal wieder Zeit

ANGELN ZU GEHEN!

Angeln & Bier

DAS IST ALLES, WAS ZÄHLT!

LOGISCH!

30% aller Todesfälle passieren im Haushalt.

Da sitz' ich doch lieber mit meiner Angel und einem Bierchen am nächsten ungefährlichen See!

**Gib dem Mann
einen Fisch
und er wird für einen Tag
zu Essen haben.**

**Lehre den Mann
das Fischen und er wird
den ganzen Tag lang
im Boot sitzen
und Bier trinken.**

Angler-Glück

Willst du
eine Stunde lang
glücklich sein,
dann betrinke dich.

Willst du
drei Tage lang
glücklich sein,
dann heirate.

Willst du
dein ganzes Leben lang
glücklich sein,
dann werde

Alles was ein
Angler braucht,
ist Vitamin
See!

Geboren zum

Angeln,

gezwungen zum

Arbeiten.

Arbeiten ist nur was
für Männer,

die keine Ahnung
vom Angeln haben!

Angeln
ist nicht
einfach nur
ein Sport.
Es ist eine
Lebensart.

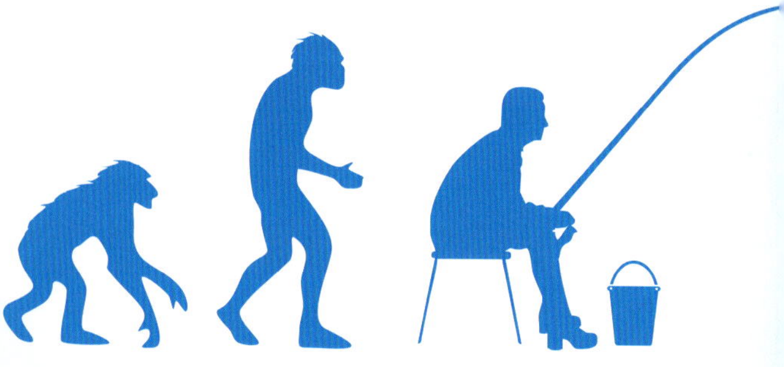

Fische gibt es in 3 Größen.

Klein, Mittel und:
„Der Fisch
an meiner Angel
war soooooooo groß!“

Schon gewusst, dass ...

... Ölsardinen zweimal das Licht der Welt erblicken?

Vom Morgen
bis zur späten Stund',
sitzt er sich
den Hintern wund.

Doch hängt der Fisch
am Haken dran,
zeigt der Angler
was er kann!

Angeln
ist wie Sex.

**Bei beidem
musst du wissen,
wie du**

deinen Wurm

benutzt.

IST DOCH KLAR,
WARUM MÄNNER
GERNE
ANGELN GEHEN:

WEIL SIE DANN
ZU HÖREN BEKOMMEN:

„WOW
IST DER RIESIG!“

Männer und Fische sind gleich.

**Sie geraten
schnell in Schwierigkeiten,
wenn sie den Mund aufmachen.**

„Oh, ist mir schlecht!“ jammert der Hai,
nachdem er den Passagier
eines sinkenden Luxus-Schiffes
verschluckt hat.
„Hast du einen Betrunkenen
verputzt?“ fragt sein Kumpel.
„Nein, einen Fahrstuhlführer.
Der kommt mir ständig hoch!“

Zwei Angler kommen
von ihrer Tour spät nach Hause.
Sagt der eine:
„Wenn ich jetzt nach Hause komme,
kocht meine Frau wieder vor Wut.“
Sagt der andere:
„Hast du ein Glück.
Ich bekomme um diese Zeit
kein Essen mehr.“

Angler-Gebet

Oh guter Herr,
lass Fische beißen,
kräftig an der
Leine reißen.

Ein großer Fang,
das wär' nicht schlecht.
Ein jeder Fisch -
der wär' mir recht.

Ich möchte nicht
unnötig klagen
und später nichts
zu lügen haben.

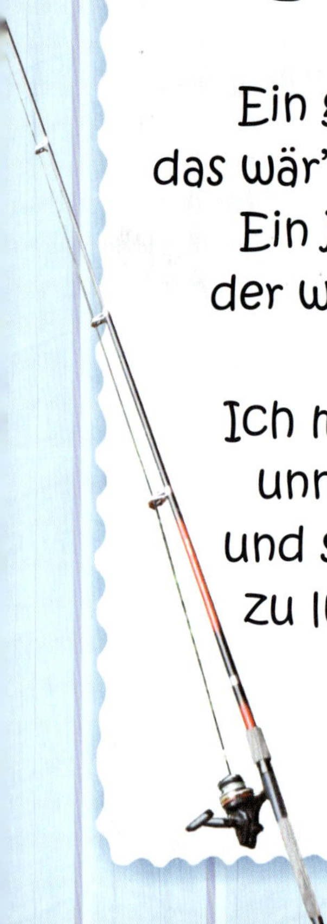

Angel-Held on Tour

Fischer's Sprüche

In Netz-Strümpfen hat sich schon mancher toller Hecht verfangen.

Die letzen Worte der Forelle:

ALLES IN BUTTER.

Fische schlafen auch. Wozu gibt es sonst das Flussbett?

ICH LIEBE

es, wenn

MEINE FRAU

mich zum Angeln gehen lässt.

Gute Idee

Ich denke ernsthaft
darüber nach,
mir Putzerfische
zu kaufen und dann
die Wohnung
zu fluten.

Wenn Angeln ein Leistungs-Sport wäre, dann wäre ich ein Athlet!

„Gibt es Fische ohne Gräten?“

„Mir sind keine bekannt. Könnte man ja züchten. Gibt ja auch Menschen ohne Rückgrat.“

Fangfrische News

Der Fisch ist nun on-line.

Like • Kommentieren • Teilen

Dem Angler gefällt das

Ins Netz gegangen

Zwei Fischmädels unterhalten sich.
Fragt die eine: „Sag mal,
wo steckt eigentlich dein Mann?“
Die andere seufzt: „Ach, der surft
schon wieder stundenlang im Netz.“

Ein Fisch beim Surfen:

Ich habe mir gerade eine neue
Wasserpflanze bestellt.
Eben kam eine Mail:

„Ihre Bestellung ist eingegangen."

Voll ärgerlich.
Habe mir gleich eine neue bestellt!

Mein Therapeut
findet es seltsam,
dass ich gerne ein Oktopus wäre,
um in manchen Situationen
8 Ohrfeigen gleichzeitig zu verteilen.
Was weiß der denn schon!

Meine Schuhe
riechen immer
so stark
nach Fisch.

Hm ...
Das müssen dann
diese sogenannten

Hai-Heels

sein.

„Was ist eigentlich das Wichtigste beim Angeln?", fragt der Kumpel seinen Angler-Kollegen. „In jedem Fall lange Arme. Damit man zeigen kann, wie groß der Fisch war."

Fischer's Sprüche

Der Fischhändler warf
die Forelle dem Angler zu,
damit der zu Hause
sagen konnte,
er hätte ihn gefangen.

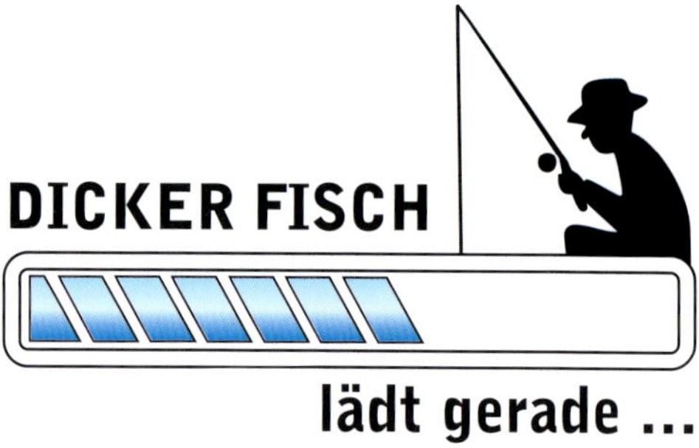

„Jetzt mach mal
Butter bei die Fische!"

„Ich bin Veganer!"

„Ja dann mach halt
Tofu bei die Blumen!"

Meiner ist so groß. Ich muss ihn mit beiden Händen halten!

Es ist ein
schmaler Grad zwischen

ANGELN

und am Ufer rumstehen
wie ein Idiot.

UND WENN
DAS WASSER
GANZ
RUHIG IST,

KANN ICH HÖREN,

WIE DIE FISCHE
ÜBER MICH
LACHEN.

Fischer's Sprüche

Wenn der Wind
von Süden weht,
der Köder
in das Fischmaul geht.
Doch weht
der Wind von Westen,
dann bleib im Bett
am besten.

**Regen ist erst,
wenn die Fische
auf Augenhöhe
vorbei
schwimmen!**

Wenn man im Himmel
nicht

Angeln

kann,
dann will ich dort
auch nicht hin!

Größe spielt keine Rolle.

— ES SEI DENN —

DU BIST EIN

ANGLER!

Timo angelt schwarz.
Kommt ein Gewässerkontrolleur vorbei und verlangt den Angelschein.
„Ich hab keinen.“, gesteht Timo.
Der Kontrolleur schnauft:
„Na dann: 50 Euro oder Anzeige!“
„Wenn das so ist, Herr Aufseher, dann hätte ich ganz gerne das Geld!“

Stör-enfried

FISCHIGE SPRÜCHE FÜR'S AUTO

TOLLER HECHT
AN BORD
I FISCH

Angler-Latein

Schluckt der Fisch
den Wurm hinunter,
wird der Angler
wieder munter.

Spricht der Fang
die letzten Gebete:
„Die Rache wird kommen -
in Form einer Gräte!“

Hängt am Haken
nur ein Zwerg,
war's der
Köder
gar nicht
wert.

So ist es!

Ein schlechter Tag beim Angeln, ist besser, als ein guter Tag auf Arbeit.

Mein Blick, wenn meine Kumpels ohne mich angeln gehen ...

ALS GOTT
ERFUHR,
DASS ANGELN

NUR FÜR
DIE BESTEN IST,

ERSCHUF ER
FÜR DEN REST
FUßBALL.

In dieser Serie erschienen

Feuerwehr-Männer
Immer im Einsatz

Für alle Kameraden.

Dieses Buch sorgt
mit seinen Witzen
und coolen Sprüchen
für eine heitere Stimmung
auf jeder Feuerwache.

ISBN: 978-3-86405-144-9

Bin im Garten
Bester Gärtner

Echte Helden ackern selbst!

Ein Buch mit frechen Sprüchen,
Witzen und Karikaturen
rund um's Gärtnern.
Für jeden wahren
Gartenfreund.

ISBN: 978-3-86405-145-6

Viele tolle Geschenk-Ideen unter:
www.andrea-verlag.de

Bin im Garten
Beste Gärtnerin

Ab ins Blumen-Beet.

Das Buch für jede leidenschaftliche Gärtnerin. Mit vielen Sprüchen, Versen und Zitaten.

ISBN: 978-3-86405-146-3

Gartenspaß
und Dies und Das

Heiter durch den Garten.

Mit diesem Buch geht es spaßig durch die Gartenzeit. Gefüllt mit vielen Sprüchen, Witzen, Versen und lustigen Karikaturen.

ISBN: 978-3-86405-064-0

Redaktion
Andrea VerlagsGmbH
www.andrea-verlag.de

Layout / Gestaltung
Jasmin Geiseler

Fotos
S. 9, 12, 34 und 42 fotolia

Wir danken allen
am Zusammentragen des Inhaltes
beteiligten Personen.

Druck
Jettenberger, Internationale Druckagentur,
Königsbrunn

ISBN: 978-3-86405-143-2